LYRIKEDITION 2000

begründet von Heinz Ludwig Arnold †

Sabina Lorenz, geboren 1967, lebt als Schriftstellerin in München. Die italienisch-deutsche Autorin studierte Sozialpädagogik in München und London. Sie war Mitherausgeberin der Literaturzeitschrift *außer.dem* von 2003 bis 2009 und ist Mitglied der Gruppe *Reimfrei.* Sabina Lorenz verfasst Lyrik und erzählende Prosa und veröffentlicht in zahlreichen Literaturzeitschriften und Magazinen. Für ihre Arbeit erhielt sie Stipendien und Literaturpreise. 2011 wurde ihr Roman-Debüt »Aufhellungen« im Verlag P. Kirchheim veröffentlicht. In der Lyrikedition 2000 erschienen bislang die Gedichtbände »Die Fremde ist ein Ort« (2007) und »Echos für eine Nacht« (2010) sowie die Publikation der Gruppe *Reimfrei* »elf nach elf« (2016).

Weitere Informationen unter http://www.reimfrei.de und
http://reimfrei.wordpress.com

Sabina Lorenz

Wie wir #binden.
Wie wir #verschwinden.

Gedichte

LYRIK
EDITION
2000

Weitere Informationen über den Verlag und sein Programm unter:
www.allitera.de

Weitere Informationen über die Lyrikedition 2000 unter:
www.lyrikedition-2000.de

Oktober 2016
Allitera Verlag
Ein Verlag der Buch&media GmbH, München

Umschlaggestaltung: Unter Verwendung eines Fotos von Sabina Lorenz
Printed in Germany · ISBN 978-3-86906-944-9

»Ich kann erzählen, was ich heute morgen tat«,
sagte Alice etwas zaghaft. »Doch weiter zurückzugehen,
hätte keinen Sinn, weil ich da noch jemand anderer war.«

Lewis Carroll

komme ich|

komm ich **erzähl dir eine gesch**ich**te**

komm ich **erzähle dir eine gesch**ich**te**

komm ich **zeig dir die berge**

komm ich **zeig dir die sonne**

komm ich **jetzt ins fernsehen**

Doch sind es **die Straßen, die erzählen,** / oder sind es die Menschen, die den Straßen / erzählen, sind es die Schuhe der Menschen / auf den Straßen, die zählen, zählen die Straßen / die Schuhe der Menschen, oder zählen die Schuhe / die Straßen und die Menschen, die sie queren, / queren die Schuhe mit den Menschen die Geschichten / auf den Straßen, tragen die Schuhe der Menschen / die Geschichten der Straßen, wenn sie laufen, laufen / die Menschen mit den Geschichten der Straßen / an den Schuhen in die Häuser, wo sie leben, leben / die Geschichten der Straßen an den Schuhen in den Häusern / der Menschen, die dort wohnen, sind die Menschen / für die Häuser, wenn sie schlafen, oder / sind die Häuser und die Menschen für die Straßen / sind es die Straßen

Insomnia

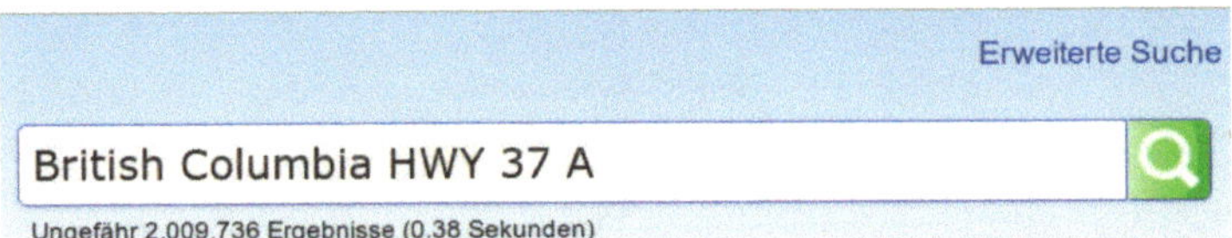
Erweiterte Suche
British Columbia HWY 37 A
Ungefähr 2.009.736 Ergebnisse (0.38 Sekunden)

Wir rüsten uns. Dies wird ein Reservat,
ein Auto, ein Feuer, ein Zelt. Die Straße
eine schnelle Schlange, und Insekten platzen
auf der Scheibe. Im Radio nur Countrymusic.
Wir glauben daran, was unser Herz uns sagt,
aber folgen können wir ihm nicht.

Über knirschenden Kontinentalplatten leuchten
Farne im Regen, und Hautflügler glimmen
in den Rhizinen der Flechten. Zermahlene
Zedernschichten dienen im Dunkel als Zeichen.
Wie gern würden wir es berühren können.

Wir entstiegen dem Meer. Hier stürzen wir hinein.
Das Grollen der Steine unter den Füßen, suchen
wir nach Messbarem, während Adler steigen
in der Art von Vögeln, die gleichgültig sind
gegenüber dem, was sie unter sich zurücklassen.

Die Verschlossenheit der Wälder. Der Wellen Achtlosigkeit. Wie Möwen auf einem Stück Treibholz kreuzen wir Leben, ohne dazuzugehören. Nachts ziehen wir uns zurück an einen Ort, der Landesinneres genannt werden kann.

Mittags bis Mitternacht das Surren eines Kolibris.
Sein Anflug verspricht Glück, das Schnellste, das
wir je gesehen. Wir lächeln bei dem Gedanken.
Wir richten uns ein im leichten Wachen, hoffend
auf unsere Glaubensbereitschaft, und träumen
von rauchenden Uhren.

Überschreiten wir Spuren, tief in den Boden gestempelt in der Dämmerung, so sind wir Analphabeten. Stolpern im Dampf aus dem Pelz eines Bären. Treffen auf Gehörn. Reden davon, freundliche Pfade zu erreichen, wenn wir nur lange genug gingen.

Und fingen beim Echo unseres Ruderschlags
das Gespött des Sees. Im Irrgarten von Inseln
unter einer senkrecht stehenden Sonne suchen
wir Halt in der Festigkeit unserer Gesichter. Finden
allein Widerschein, die Ufer, der Himmel, Spiegel
im Spiegel.

Nachts fällt auf dem Gipfel Schnee. Übern See Hall und Widerhall hohen Geheuls. Wir finden nicht den Ton. Wir werden nicht gebraucht. Wenn Unterholz bricht, erwidern wir den Blick eines wilden Tieres, stumm. Nicht freundlich. Nicht feindlich.

So wälzt sich der Gletscher den Berg herab, in seinen Falten der Schmelz der Jahrhunderte. Er schläft nicht. Er stöhnt, wenn sein Firn sich öffnet für kommende Metamorphosen. Die Mitternachtssonne dringt in ihn ein. Dampft unser Atem, rücken wir dichter ans Feuer. Der Wind bläst uns Asche ins Haar. Unbehaust wissen wir nicht, wozu wir geboren sind.

Die Zeit, der Umstand, der Ort

Die Knochenflöte
(Raru, Zanskar/Ladakh)

Mitten am Dienstag traf ich meine Liebe
auf einem Stein wo sie lag und blies
auf ihrem Bein den Dreiklang der Wüste
geh   wo der Wind
Schatten in Gesichter fegt   geh
wo die Seele vor dir herläuft im Geröll
sich Sonnenräder drehen Felsennadeln
bersten unter deinen Füßen schwelende Asche
atme sie ein atme sie aus in einer
Staublawine der erste Schrei   geh
auf Fetzen von Trommelschlägen hörst du
eine Frage grab sie ein unter diesem
ausgeschütteten Himmel   geh
überm Bergkamm zitterte die Luft

#Orlando

für I.

Lass uns wandern, ein Sprung durchs Feuer
vor dem nächsten Schnee, die Zukunft liegt
auf der anderen Seite, fortlaufende Schleife
aus Aufruhr und Wiedergeburt. Dort treffen
wir kleine Vögel inmitten Irisblüten, regen-

bogenfarben, und Staub,

gottlos, diese Stadt ohne Hass, eingebunden
in galaktische Federwolken, wo wir rätseln
über Artefakte, die uns unserer Menschlichkeit
beraubten, behauptend, dass irgendein Gott
auf ihrer Seite stand. Code □ m □ w als

Lebensmuster, ausgemustert

die Unbestimmten, Zeugnisse einer Zeit
der willkommenen schäbigen Gefühle. Hass®
als eingetragenes Warenzeichen. Was sahen
sie, die Beifall klatschten? Sportficken, Massen-
morde, Kriege, bestehend aus Unterwerfung,

Angst und Tod, der Rest war Bürokratie.

Wir waren wieder jung, vergaßen, dass die Welt
nicht so verliebt in uns war, wie wir ineinander.
Wir träumten von Namensgebung. Vom Gebären
als menschlichem Akt. Von Angleichung der Stern-
bildgrenzen. Von Staub. Wir erwachen erneut

im andern Geschlecht.

Selbstvergeudung über Epochen, Sprünge durchs Feuer. Geisterchor der Möglichkeiten, zeitlos fremd. Eine Burlesque. Ein Ruhepunkt im Regen. Ein 300-jähriges Leben als innigster Liebesbeweis. Wie wilde Vögel füttern.

Weiter tanzen.

Betrete die stille Seite des Sees, kältere
Schichten aus dem Quell, und Wasserläufer
flitzen in Zonen der Verflüchtigung, filigrane
Aufforderungen, die längst lästigen Hüllen
fallen zu lassen, als wären sie gefälschte
Bilanzen: Immer
gehende Figur, lächelnd im Lärm der Daten,
der sie sich selbst nicht hören lässt, ein Spiel
mit gezinkten Karten, die Formel, heimlich
einen strafenden Vatergott loszuwerden.
Gescheiterte Versuche über
die Zeit. Hier werden deine Knochen sein.
Archäologen graben sie dereinst wohl aus.
Dich nicht. Nackt spannt sich Wind um deine
Haut, stellen deine Härchen sich auf gegen
die fehlende Rüstung, deine App, die dich
bedeckt,
darüber ein stiller Himmel, der in dieser
Atmosphäre blau erscheint.

Das war der Traum. **Zeitflimmern.**
Über uns das Locken der Zikaden
im 100-jährigen Baum. Wir atmeten

Staub aus einem anderen Kontinent.
Er überwand Grenzen. Bedeckte
die Ruinen dieser Stadt, als wolle
er sie in ihrem Jahrhundertschlaf

schützen. Mittags huschten Schemen
durch die Straßen, Boote stachen
in die gespiegelte Luft. Sie schliefen
nur für eine kurze Zeit. Im Dämmer

auffliegende Zugvögel, minoischen
Staub im Gefieder. Jäh verstummten
die Zikaden, und wir blickten uns an,
als hätte jemand gesagt, es sei zu spät

zum Reden. Ein Gecko fiel auf uns herab,
winzigleicht. Kaum sahen wir hin, war er
verschwunden.

Ensō auf einem Balkon

Im Morgengrauen sind die Straßen still zu Schemen gefaltet.

Wild verzweigte Narben in diesem Teil der Stadt, der Mittlere
Ring: hinauswuchernde Schnittkanten (man könnte auch sagen

herein-), als wär das die richtige Form, uns zu häuten.
In diesem Moment schweben Netze aus Zufällen. Pinselhaare,

zusammengeführt zu einem kalligraphischen Schwung.
Wie der Ruderflug eines Vogels mit der Möglichkeit,

ein Irrgast zu sein auf seinem Zug. Hier das Gepäck,
übersetzt ins Gestern: es ist immer zu schwer oder zu leicht.

Unten streiten sich die Taxifahrer. Eilen Schichtarbeiter
von der Arbeit, in die Arbeit, allseits wie jetzt

nur ein leichter Schlaf, der vergessen lässt, dass man schläft.

Zaungäste

Samstagnacht fällt auf die Ausschwärmenden Regen,
sichtbar im weißen Licht der Straßenlaternen, und Pfützen
spiegeln fremdgewordene Häuser, als gäben sie ihnen
ein neues Gesicht. Als wär das alte verschwunden, da
ich soeben nicht hinsah. All das gelingt der Schwerkraft.
Das Geheul des Martinshorns ein paar Straßen weiter.
Hier torkeln Betrunkene wie ertrinkende Vögel, noch
mit den Flügeln schlagend und Fehler machend in diesem
Tanz.

Führten uns nicht die Möglichkeiten, die sich aus unseren
Fehlern ergaben, zueinander? Und dann der Tagmond,
das Hundsgeheul, die Echos, und jedes Mal kommt weniger
wieder heraus. Keine Interpretation, doch: erträumen wir
den, der uns wieder unschuldig werden lässt?
Grab ein Loch in den Nachthimmel, Insomnia, wo südlich
vereinzelt Sterne stehen. Entfernte Ursachen,
der weiße Atem eines alten Schreis. Kein Zeugnis, das bleibt.

Das ist es, was sich entblößt, Beläge auf nassem Asphalt,
umflackert von wildem blauen Licht. Doch zum Menschen
gehört mehr, als das, was ihm geschieht. Nimm dies Züngeln
der porösen Tage: Karaoke am Ostbahnhof (girl, I wanna
make you sweat). Ein Stadtstreicher, schon die halbe Nacht
herumgeirrt, hat seine Gedanken satt. Und ich. Traust du dich,
ich zu sagen? Verbirgst du dich hinter einer dritten Person?
Benutzt du den Infinitiv? Im Spiegel steht jemand, der soeben
hereingekommen ist.

Die Kälte hier ist eine andere. **Die Zeit, der Umstand, der Ort.**
Die Suche in den Wirren der Bahnhöfe nach einer Bedeutung
in den Anzeigetafeln an einem Samstagnachmittag, wenn
dazwischen Deutschland liegt, schließlich steht auch hier
nächster Zug S3, und all diese Menschen wissen wohin.
Die Wegweiser ergeben kein Bild. Eine Ankunft ist traurig
ohne dich. Der Umstand, der Ort,
ein lumpiges Wurmloch in der Beschwörung einstiger, künftiger
Zeiten. Das Gepäck ist das falsche, ich weiß. Verdammte Koffer,
über die wir endlos fallen. Nachts sagtest du, geh nicht.
Beim Abschied träumtest du vom Sommer. So müde zu sein.
Wie hätte ich dich wecken können? So gern würd ich sagen,
die Zeit hat Zeit. Der Umstand, der Ort. Komm zu mir.
Schlaf bei mir.

Mädesüß

Dabei war ich doch schon verschwunden
in dir, als wir es taten, taten wir es über
deines Vaters Schafen, was Herden genau
bedeuten, wussten wir da noch nicht, die
Konsequenz unseres Begehrens, das Wort
mit L, das uns zu schwarzen Schafen machte,
zu weit weg, als wir uns vortasteten, du dich
in mir, ich mich in dir, weckte uns das Geblök,
so was von Freud,
(erinnerst du München, Berlin, Amsterdam
wo alles und jenes besser ist? Später
kaufte ich dir an den Raststätten Gruß-
karten, die schickte ich nicht ab, das waren
nicht mehr wir),
wir waren die über den Schafen, und das
hätte auch ganz weich sein können, doch
wenn wir Otis Redding hörten, hörte ich
watching the sheeps roll in, und du seiest
ja auch gar nicht so, habest nur für Jungs
geübt und suchtest dies zu beweisen, so
rissen wir das Mädesüß raus aus den Feldern
deines Vaters, und wir heischten nach Beifall,
unsere Mütter heischten nach Beifall, dabei

Am Ende hofften wir auf **Spätblüher:**
Astern, Sonnenaug'. Was man alles
verlieren kann, ohne es zu besitzen,
danach hatten wir bislang noch nicht
gefragt.
Wir trösteten uns am Fenster. Der Blick
über die Dächer gab immer kleinere
Dächer frei, eine überschaubare Skyline,
Fluchtpunkte am optischen Horizont,
weichgezeichnet im Dunst der nächsten
Zigarette:
5 feuilles avant la fin. Das Knistern kam
von einer Schallplatte, *music from the
elder*, zu schnell abgespielt. Nebenan
lief die Nachbarin im Kreis und sang mit,
die ganze Nacht.
Morgens sahen wir Zugvögel im Spiegel.
Dachten an die Kirschblüten, unter denen
wir weißer waren. Als sie sich auf unsere
Schultern legten, hatten sie kein Gewicht.

Dies war das Licht von gestern: Seh dich erwachen. Du rüstest dich mit Make-up. Seh dich lachen. Du siehst mir hinterher. Im Licht des Flughafens werden wir weiß. Als würden wir verschwinden, und in meinem Kalender ist von nun an letzte Woche. Das war das Licht. Unbesiegbar ist vorbei. Dabei ist nichts passiert als eine Liebe, die den Mund schließt.

Aber wenn ich hier liege, ganz still hier liege, und erfinde mich neu: wenn ich keinen Stein mehr werfen möchte, wenn ich keinen Ast mehr brechen möchte, wenn mein Körper eins wird mit dem Grund, wenn ich zum Schatten werde von Seen und Wäldern der Vorzeit, schon so lang verschwunden, dass sie uns niemand mehr nehmen kann, wenn ich so still liege, würdest du noch einmal die Welt mit mir vergessen?

Korona

Denk dir die Koordinaten eines Anfangs an Bahnhöfen, wenn
wir durchgehbar sind: die Farben des Flieders, und Apfelblühen
als Spiegel der Haut, immerfort dieser Ohrwurm ohne Titel,
hoffend auf Erlösung, hoffend, wenn der Ostwind unter Kleider
greift und Tropfen beugt zu Mondhöfen, als wären's Möglichkeiten
des Trabanten, nicht 0, nicht 1, dazwischen ist auch ein Ort, so
fährt der Wind tags Tauben durchs Gefieder, als müsse er ihnen
Hagel aus den Flügeln wehen, Federn vom letzten Jahr, kaum
scheinbarer als die Schwerelosigkeit des einsetzenden Regens,
ein bisschen schmal und abgeschabt, Ergebnisse einer Gussform
aus dem Norden.

Was vor Augen liegt, verkehrt und wunderlich. Schnee
auf Brillengläsern. Aus Kanaldeckeln dampft der Atem
unterirdischer Riesen. Fächern sich die Konturen
deiner Nachbarin. In Nässe gesprochene Sätze, wie:
Es ist kalt heute. So könnte eine Matrjoschka entstehen.
Mit der kleinsten Puppe beginnend. Sie kassiere
im Supermarkt. Wenn sie nicht arbeitet, schläft sie, sucht
ihren Traum. Kleine Vögel, die sie nicht schützen kann.
In Gedanken und Namen schwirren sie im Raum, jeder
ein Omen im Schnabel. Kein Ort. Reflektierende
Rückstände, tags. Insgeheim wünscht sie sich
ein Reservat, ein Vogelschutzgebiet. Und lacht,
ehe sie im Dampf verschwindet. Die ganze Straße
in kristallinen Tropfen rinnt. Auf Dächern versammeln
sich Krähen. Schmieden Terrorpläne gegen den Winter.

Diese Frau verliert sich. Durch ihre Türe wuchern
Männer in Uniform, brechen mit herrischen Stiefeln
aus dem Tunnel, wo sie kämpft, aufrecht, immer
aufrecht gegen einen Gott, der sich alles nimmt.

Die Frau sieht durch geschlossene Lider. Dann
tanzt sie Boogie, ganz Gentleman, mit den Damen
flanierte sie durch die Bars, das Lächeln
aus den Augenwinkeln, und konnte jede haben

in der Stadt. (Und konntest Hilflosigkeit nicht leiden.
Und siehst mich an, hilflos wie eine Sphinx, die sich
vom Felsen stürzt. Wenn es weh tut, erfinde einen
anderen Schmerz.) Diese stolze Frau verliert sich,

verirrt unter den Reisenden geht sie durch die
Straßen, und die Straßen gehen durch sie hindurch,
Verführerinnen, die sie sind, locken sie ins Ungewiss.
Sie weiß, wenn sie innehält, ist sie verschwunden.

Leerstellen

Unbeantwortete Themen | Aktive Themen

Forum » Suche

1

Am Anfang war der Bahnhof, am Bahnhof der Garten, / wir klaubten Kartoffeln und Schnecken, die überbrühten wir / mit heißem Wasser. Den Anfang ließen wir uns nicht / kaputt machen. Noch nicht einmal von Schnecken.

Der Anfang benötigte Zeit, Zeit verschlang Zeit / und Geschichten, mittendrin der Kirschbaum, unter / dem die Elfen tanzten. Die Kirschen schützten wir / mit einem Netz, in dem sich ab und zu ein Vogel erhängte.

Am Anfang war der Garten, und die Ahnung, / dass dies nicht der Anfang des Anfangs war. Der Anfang / hatte den Bahnhof im Gepäck. / Der Bahnhof als Anfang / eines Anfangs, der Garten als Folge eines Bahnhofs, / die Reihe von Anfängen fraßen sich wie ein Wurm / durch die Kirsche. Am Baum. Im Garten.

2

Zeit verschlang Geschichten, der Wurm / verschlang die Zeit, zwei Generationen lang, bevor / er hier ankam, über der Schaukel im Kirschbaum, das tägliche / Elfenopfer im Blick: Himbeeren, Erdbeeren, Bohnen / neben dem Brunnen unterm Baum, wo sie / tanzten, dass das Gras wuchs. Die Opfer waren tabu. / Der Brunnen auch.

Aus dem Baum späht der Wurm in den Garten, / dort hütet Großmutter das Wort, die Elfen und / alle anderen Geister, Großvater die Tat, täglich / mit schlanken, schweigenden Händen, wetzt Sägen und / Sensen, ein flitzender Blitz, die Sense in seinen Händen / überragt das Kind.

Seine Hände um die Sense, so schön wie / auf einem Plakat der KPD, wären da nicht die Geister. / Die Geister wohnen im Brunnen, so der allwissende / Wurm. Die Geister kommen vom Bahnhof, / so die Großmutter. Später. Und sie / musste es wissen. Später ist klar, die Geister wohnen / überall, nur nicht unter der Erde.

3

Der Wurm frisst sich durch die Kirsche, am Darmende / schillernd grün, wie das Wasser eines Brunnens / an einem Hochsommertag. Von drinnen gesehen. / An einem Hochsommertag rufen Züge in die Gärten: / *Es fuhr ein Zug Soldaten nach Frankreich übern Rhein.* / Der Mohn applaudiert. Dazwischen eine gelbe Lok. / Gehalten von schönen Händen bewegt das Kind den Zug.

Der Wurm über der Schaukel / schielt zum Brunnen, grün, tabu. Wie Elfen. Heimliche / Geister. Die Geister sind Großmutters Aufgabe. Poltergeister, sagt sie. Später. / Im Bahnwärterhäuschen, nachts. Später / ist klar, es sind Hungergeister, deportiert, OST als Stigma / am Revers.

Später ist gar nichts klar. Am Anfang der Bahnhof und / Frauen, deportierte Weiber, sagt sie, und seine, durch / den Bahnhof vor der Front geretteten, schönen Hände. / Wären da nicht die Hunde. Nichts war klar. / Welche Geister. Die Hunde? Die Frauen? Wo sie wohnten. / Im Bahnwärterhäuschen? Im Brunnen? / Was sie tun.

4

Zeit verschlang Zeit und Geschichten, der Wurm / verschlang die Zeit, die Hunde, die Frauen, das / Stigma am Revers. In einer Nacht / im Bahnwärterhäuschen spuckte er sie wieder aus. / Hunde, die Frauen jagten, Lasten zu entladen. / Keine Schranken, keine Weichen.

Der Wurm verschlang die Geschichten, die Geister / verschlang er nicht. Die Geister fuhren in Großvaters Hände. / Beim Späne schneiden, Sense wetzen. / Er wollte Künstler werden, / ist aber Waise geworden. Später / wurde er Medium, wegen seiner bemächtigten Hände, / die schrecklich schön das Messer führten, die wild / und plötzlich zitterten.

Es war Großmutters Aufgabe, sie milde zu stimmen. Milch / für die Katzen der Wilden Jagd, Erntedank für die Elfen / unterm Baum. Nur für den Brunnen hatte sie nichts. / Gegen von Hunden gejagte Hungergeister / kommt niemand an.

5

Später ist klar, Geister spuken immer und überall, auch / an Hochsommertagen. Rangieren in einer gelben Lok / Züge bis zum Bahnwärterhäuschen. Heischen / nach Applaus. *Es fuhr ein Zug Soldaten.* Ohne / Schranken, ohne Weichen. Kommen sie mit / in den Garten nebenan. Verwechseln gelbe / Stigmen mit gelben Kindergießkannen.

Ist ein Kind in'n Brunnen g'fallen, hab es hören / plumpsen. Mittags an einem Hochsommertag schillert / der Brunnen grün. Das Kind zählt Wasserläufer, die / nach Beute springen. Füllt eine gelbe Kanne. / Wird unter Wasser gedrückt von schönen Händen, gehalten, / herausgerissen, wieder eingetaucht / ins Tabu. Ohne / Schranken, ohne Weichen.

Der Wurm beißt sich aus der Kirsche. Woher / weiß man, wann man weise ist? Sie kommt / mit dem Blitz zu einem halb ersoffenen Kind. / Flüchtet sich mit ihm vor dem einsetzenden / Gewitter unter Marias Sternenmantel. Er / mit seinen zitternden Händen hört die Hunde / heulen. Draußen.

6

Er wollte Künstler werden, dann ist das Leben / dazwischen gekommen. Schrecken, Schocks / und weiße Pillen, die gierig der Wurm verschlang. / Später wurde er Medium, / um mit seinen Händen den Toten zwar nicht / das Leben, doch eine Sprache zu geben. / Er mochte Katzen. Hunden vertraute er nicht. / Er heulte den Mond an, sommers wie winters / fingen wir ihn auf der Straße ein.

Wie wir #binden. Wie wir #verschwinden

Wir sind sprachliche Wesen. Wir verstehen uns nur im Gespräch mit anderen. Erzählend entwickeln wir unsere Vorstellungen von uns selbst. Von unserer Herkunft erfahren wir durch die Geschichten, die erinnerten, die erfundenen, unserer Vorfahren, von uns selbst erfahren wir durch die Reaktionen der anderen.

Carolin Emcke

Hausbauen

Der Stoff, aus dem wir waren, war nicht
von Helden, auch wenn wir es träumten.
Die Stadt, die uns aufnahm, brauchte uns
nicht. Wie fanden wir den Weg, geradewegs
auf die Straße hinaus und Baugruben
umtänzelnd? Zeichen gab es kaum. So
betraten wir den Raum:
Durch schmutzige Fenster brach Licht.
Generationen richteten sich dort ein.
Was an Platz übrig blieb, es klappte
gut. Bucklige Herrenmenschen, Blutgestürm,
all das Verdunkelte, Gemunkelte, Mütterherzen
mittendrin. Hier suchten wir, uns
treu zu sein. Es war viel Liebe im Sommer.
Inbegriffen des Stoffes aus dem wir sind:
Zungen, angenagelt, das Herz.

Zeit. Zeugen. Akten.

für Y.

Wenn wir wachen, wissen wir vom Schlaf. Wenn wir schlafen, wissen wir nichts von unserm Wachen. Wie sollten die Toten etwas ahnen, von uns, den Lebenden? Zu Lebzeiten sprachen sie mit ihren Geistern, mit uns sprachen sie nicht.

Wir schreiben immer dasselbe Gedicht. Damit
die Geschichte beginnen kann, irgendwann.
Wir sammeln Schriften in der Wand, *Warschau,*
Dachau, Namen für die Väter. Die wurden ganz
beiläufig verrückt.

All dieser Staub. Amtlich beglaubigte Rechenschaften, Beweise, Unterschriften, wochenlange Schlagwortsuche. Es war April, erinnerst du dich? Wir fuhren nach Osten. So suchten wir, uns durch die Aneignung des Fremden vertraut zu werden.

Eine schwierige Übung. Wir froren, als der Wind
in unsere Nacken biss, und wann immer wir fragten,
ernteten wir gefrorene Lächeln. Sie erwarteten
uns. Sie waren freundlich. Sie erzählten uns nichts,
was nicht schon die Akten wussten. Die Akten
erzählten nichts.

Zeit. Zeugen. Akten. Verbunkerte Jahre. Am Himmel Nebenmonde, Lichtbeugung, und wir sehen brütende Engel, gelangweilt, schon bevor wir kamen. Katzensprung zu den Hungerhäusern, Transporten nach Cholm, Post Lublin, nie vergessene Kostenrechnungen, hier: getippte Namen, Heimatort unbek.

Es war April. Wir sprachen nicht. Das Schweigen ergriff unsere Körper und nistete sich dort ein, wir fragten nicht danach. Hinter der Holzverschalung der Mansarde wüteten kleine Tiere. Dies ist ein Bericht.

Äquinoktium

Was geschrieben stand, war unsere Angewohnheit
alles zu verlieren, sogar das Geschriebene selbst.
Unsere Wege täuschten Begehbarkeit vor, bevor
wir uns verspielten. So liefen wir an den Gleisen
entlang, Eidechsen schlängelten sich zwischen
den Schienen. Sie versprachen uns Glück. Und
einen Moment lang suchtest du, sie am Schwanz
zu haschen. Wir werden nichts

über Orte sagen. Im Nacken der endlose Krieg
zwischen einer Erinnerung und der Erinnerung,
die ihr entgegensteht. Schwarzlichttheater.
Abseits von Lichtgassen trunkene Schauspieler.
Sie gehörten uns. Sie warteten auf Applaus. Sie
sahen uns nicht. Wir sahen sie nicht. Wir hielten
uns für die Helden in diesem Stück. Wir warteten
auf Applaus. So waren wir in allem geneigt.

Vorgaben, Lücken im Lebenslauf, bemüht
um Beweisbares, ein Zeugnis. Es bezeugte
nichts. Als würden wir erst im Geschriebenen
wirklich werden, träumten wir nachts von
ungelösten Kreuzworträtseln, wie von
der Suche nach einer verlorenen Liebe.
Am Morgen waren die Schneelandschaften
zurück.

Über Orte

Wir wollten nichts über Orte sagen. Orte
wurden zu Konstanten, die es zu meiden
galt. All diese Umwege um Räume, in denen
ältere Schichten von uns hausten, streitbar,
bestritten. Flecken in der Landschaft. Wir
kreisten um sie.
Und haben sie gesucht. Planquadrate, die
beim Betreten verschwanden. Was vor Augen
lag: Geschäftige Unschuld. Streitbar. Nicht
bestreitbar. Sie grüßten mit freundlicher
Gleichgültigkeit. Sie erkannten uns nicht. Orte
haben kein Gedächtnis.
Wir sahen nicht den Ort. Wir blickten durch
Schichten der Zeit. Wir bezweifelten die
Echtheit von Nachbarn und sprachen
mit Gespenstern.

Schwarzlichttheater

Wir übten doch nur. Wir arbeiteten am Vorwort.
Über den atomaren Winter wussten wir schon
mit acht Bescheid und klebten uns die Sonne
ins Fenster, wo sie für den Rest der Zeit blieb.
Dagegen kam kein Wetter an. Nicht wirklich.

Was hätten wir bei Umschwüngen auch tun
können? Endeten sie ohnehin im Untergang.
Damit kannten wir uns aus, *duck and cover*
wenn die Bombe kommt, ein Planspiel, bevor
wir an unserer eigenen Geschichte schrieben.

Mit Fernsehen. Dort erfuhren wir zu wenig, um
zu wissen, was wir wert sind. Suchten wir die
Welt zu retten, glaubten wir nicht daran. Doch
unser Interview mit einer Klasse Amokläufer
kam groß raus, was konnte für uns besser sein.

Alles war normal. Wir wiederholten nur, was
wir verstanden hatten, *The Great Pretender*,
das schon unsere Mütter sangen, den Rest
erledigten wir in der Warteschleife. *The
number you have dialed is not available.*

Dabei war Sommer. Hummelhintern. Hecken-
rosenblühen. Wir sahen den Liebreiz, wie
die Filifjonka, die an Katastrophen glaubte.
Wann sprachen wir mit uns selbst? Wann
lernten wir, im Schlafen zu vergessen?

Wie wir #binden. Wie wir #verschwinden.

Wir ließen die Rollläden runter. Wir sperrten die Nacht aus. Der Computer surrte, er spuckte Neuigkeiten, jeden Augenblick. Wir schliefen inmitten von Hashtags, ein Stimmengewirr, das sickerte in unsere Körper ein, während wir unserem Atem lauschten. Suchten wir unsere Gesichter fanden wir allein den Widerschein der Bildschirme, der taktete das Sprechen. Episoden in 140 Zeichen.

Wie »Ich« sagen? Die Rolle der Zeugen ist seriöser im kollektiven Radius der Geschichten. Die Rolle der Zeugen ist nicht die Rolle der Opfer. Zeugen wird geglaubt. Wir dienten mit unseren Stimmen, unsere Körper, Bögen, im Lächeln aufgespannt, setzten Worte, die allen zugehörig sind. Niemand musste Angst vor Gefühlen haben. Niemand musste Angst vor uns haben. Zeugen sind Statisten des Geschehens.

Nachts lauschten wir in unserem Atem nach Worten, die uns selbst zugehörig sind. Sätze, mit denen wir »Ich« sagten. Und »Dich«. Wir hatten sie hergegeben. Was wir fanden, waren Kopien in segmentiertem Licht. Inszenierungen des Sprechens. Bedeutsamer als das Gesprochene selbst. Wie »Ich« sagen? Früh, ganz früh, fischte ich Träume aus dem Netz und hielt sie für meine eigenen.

Who am I

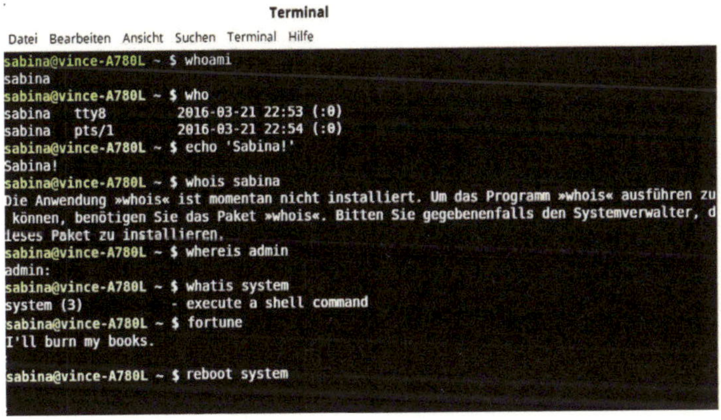

Terminal

Datei Bearbeiten Ansicht Suchen Terminal Hilfe

```
sabina@vince-A780L ~ $ whoami
sabina
sabina@vince-A780L ~ $ who
sabina   tty8         2016-03-21 22:53 (:0)
sabina   pts/1        2016-03-21 22:54 (:0)
sabina@vince-A780L ~ $ echo 'Sabina!'
Sabina!
sabina@vince-A780L ~ $ whois sabina
Die Anwendung »whois« ist momentan nicht installiert. Um das Programm »whois« ausführen zu
 können, benötigen Sie das Paket »whois«. Bitten Sie gegebenenfalls den Systemverwalter, d
ieses Paket zu installieren.
sabina@vince-A780L ~ $ whereis admin
admin:
sabina@vince-A780L ~ $ whatis system
system (3)           - execute a shell command
sabina@vince-A780L ~ $ fortune
I'll burn my books.

sabina@vince-A780L ~ $ reboot system
```

Schichten von Schnee

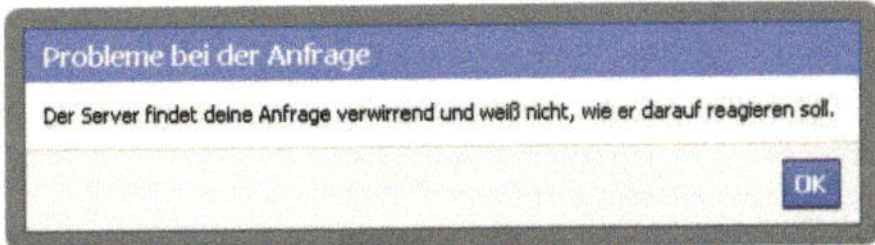

1

Wie Kiesel der Himmel: jederzeit umkehrbar diese / Facetten, mausgrau beispielsweise der Baum, der / steif durchs Fenster starrt, irgendwie neutral, und / mittags hasten Leute auf altem Schnee, dunkler / als Weiß, heller als Schwarz, im driftenden Dampf / verschwimmen die Konturen ihrer Gesichter, so / rauchgrau, oder wie würdest du es nennen.

2

Taubengrau, vielleicht: und kratzen nach Futter im Harsch, / heimzuholen in die Höfe voll unerlaubter Nischen, / Federn, feingenadelt, vor Anspannung glatt atmen sie flach, auch / sie. Glücklicher Schnee, sagst du, kommt immer noch / unerwartet, versetzt die Stadt in Hysterie, begräbt sich / selbst. Dann warten wir im Begrabenen. Dann fällt uns ein, / dass Schnee niemals derselbe ist.

3

Z.B. im dünnen Schnee die Spurrillen: Fingerabdrücke / wie auf dem Silbertablett unserer Reisepässe, / biometrische Samples, die nicht uns gehören, alte Fragen / in der Dringlichkeit von Hieroglyphen, seltsamer Abakus / Vermessung Mensch: Streiktage, Bandscheibenvorfälle, / meuternd. Ziehen wir Nummern, warten auf abgeschabtem / PVC, aschgrau, oder

4

Halbtöne nur: Wie eine Angst besiegt wird und plötzlich / eine andere aus ihr spricht. Dies ist vom Verschwinden / *auf die Mitwirkungspflicht wird ausdrücklich / hingewiesen,* übersetze die Sätze mit Subjekt, Objekt: *wer?* / Eine Differenzierung, nur Diskussionsgrundlage, / umständehalber: Können wir 60 Grautöne unterscheiden, / werden sie beeinflusst durch Farbflächen nebenan.

5

Erinnernd an brüchiges Papier in Aktenschränken: StAM / NSDAP 1557 *Betreff: Einsatz brachliegender Arbeitskräfte, / hier: Erfassung von Stillsitzern.* Ein Stempel war die Antwort, / aber was war die Frage. *H., den 14.8.46: / Form 2: List of all persons of United Nations and other / foreigners. Name, Vorname, Geschl., Heimatort: unbek.* / Kopien in Schatten von Druckerschwärze.

6

Ein Graustich: als ob Statisten die Rollen übernehmen, in dem Bemühen, / alles zu töten was Angst macht. Der Morgen begrenzt sich / auf einen Ort. Hier taumeln Tauben im U-Bahnschacht. / Ostwindflüchter. Vor anfahrenden Zügen flattern sie auf. / Wir schlafen ein. Wir evakuieren uns schnell, brauchen / keine Scanner, um uns nackt zu sehen.

7

Ohne Sättigung: Der Ordnungshunger auf Beugung deines / Geschlechts, zwittrig, kindlich unter Skalpellen, vermessen / fotografiert, bougiert, jahrzehntelanges Kotzen im Dienst / von m □ w □ , und dann wachst du eines Morgens auf / und weißt, dass nicht nur deine Akte verschwunden ist, / sondern du, eingefügt ins Silbertablett des Reisepasses / w □. Das ist die Antwort, aber was war die Frage.

8

In Schichten von Schnee: abstumpfende Streumittel, Laub / und eine beinamputierte Luftratte, beinahe unsichtbar, / das Gefieder ohne Schimmer, kristallisiert unter einem Baum, der / innen stumm. Als wär sie wie Kiesel vom Himmel gefallen, als / hätte sie im dünnen Licht ihre Räumlichkeit verloren. Immer noch / Januar. Dir legt sich eine Flocke aufs Gesicht. Als sie / geschmolzen, siehst du älter aus.

Statusmeldungen

Einstellungen
Diese Einstellungen steuern verschiedene Aspekte der Spiele.

Heute sagst du Du zu dir. Ein Test, ob es für
freundliches Zunicken reicht. Ein bisschen
Small Talk. So was wie: abends wird es
wieder heller. Nebenan hunderte von Status-
meldungen. Anläufe, die Welt zu retten.
Und noch ein Zustellversuch, während du
davon träumst, einen Zahn zu verlieren.
In der Leerstelle nach Lösungen suchst.
Von niemandem bemerkt, denn hier ist keiner
auf der Straße. Nur im Januar lief einmal
eine Frau vorbei, ohne Schuh'. Sie bat
dich, ihr nicht zu helfen. Sind wir schon
im Werbeblock? Dann teilt u. liked.

Schon wieder kamen große Gefühle auf. Man schickt sie in die Welt hinaus, täglich aktualisiert, derselbe Film mit und ohne Schnee: *No, I like you. Just like you are.* Dies gilt es zu optimieren, wenn man sich verirrt, z.B. in Bielefeld: *Jetzt weiß ich's – und ich will es!* Friert das Bild ein. In Technicolor. Screenshot. Dann regnet es, und es regnet, und alles ist vergessen, nur nicht die Angst vor dem Hund auf der anderen Straßenseite mit dem ungestümen Hinkebein. Man beobachte den Sendersuchlauf, da fliegen die Sternschnuppen, und schon braust Applaus, doch der Himmel bleibt bewölkt, die ganze Nacht.

Wie die Wolken sich türmen dieser Tage, schon
fängt es zu regnen an, und wenn ich eins wär
mit den Dingen, würde ich bestehen. Ein Picknick,
zweifellos. Ein Spielplatz und ein Kuscheltier. Wär
ich eins mit den Dingen, wüsste ich um deren
Wichtigkeit. Schultüten und Geburtstagskuchen. Ohne
nach der Form zu fragen. Den Raum erhalten,
der da ist Umhegen und umhegt, geleitet von
Zauberern, Zeugnissen, dem Budget, das vorn
und hinten nicht reicht, Stratuswolken, Halogone
überm Klettergerüst. Wär ich eins mit den Dingen,
zweifellos.

Zwischen den Gewittern suchen wir
am Horizont nach Regenbögen,
Interferenzen. Wenn es dunkel wird,
sitzen wir am Fenster. Ein gebrauchter
Buddha-Kopf ist zum Zuhören bereit.
Die ganze Zeit schimmern weitere
Geschichten hindurch. Für einen Traum
zu kurz. Für ein Leben zu lang.
Als könnten wir das Erzählte nicht
nach Hause bringen.

Du hast etwas zurückgelassen. Deine Ohrringe in meiner Reisetasche. Wie sie da hineinkamen, weiß ich nicht mehr. Ob auch sie schon lange anderswo sein wollten? Doch nur Leute reden von dem, was sich nicht wirklich ereignet. Deine Perlen haben sich an meiner Zahnbürste blank geputzt. Es geht ihnen gut.

Noch bin ich nicht bereit. Kaufe die letzten Sonnenblumen. Sag unterm Ahorn: Schau, wie er blüht. Abends kreuze ich schlafende Malven und sehe nicht den Wein. Hast du deinen Mantel ausgepackt? Der Sommer war schnell. Ihm haben wir gedient. Wir haben nichts für uns behalten.

Epilog

Spiel Zug Einstellungen Hilfe
Neues Spiel ... Ctrl+Shift+N
Neue Karten Ctrl+N
Neue Spielnummer ... Ctrl+D
Spiel neu starten F5
Laden ... Ctrl+O
Zuletzt geöffnete Spiele
Speichern unter ... Ctrl+S
Statistik
Beenden Ctrl+Q

Für eine Katze I

Am Boden. Still. Perfektes Tier. Knöchelchen
jetzt, durch diesen kleinen Körper scheint Licht,
das die Augen verlieren. Flackern die Muskeln
beim Einstich kalten Metalls, züngeln, zuletzt
ein Schimmer. Luftleichter Atem im Fell im Fell
die Farben der Glieder. Vergehen. Verwehen
Schatten, das schnelle Herz, das jagende
Herz, das kleine Herz. Still.

Für eine Katze II

Kein Wehren mehr. Nur legt sie noch mal ihren Kopf
in meine Hand, während das aufsteigende Dunkel ihr
die Luft abdrückt, und hält ihre Pfote meine Finger fest.
Halten will ich, halten, Traumfänger sein, dies eine Mal
ich für sie. Und wären wir beide noch mal jung und wärs
das anstehende Kapitel, würd' ich Schlupflöcher finden, als
gings ums Ganze, durch den Frühling jagen in einer endlosen
Gelegenheit, wie dieses fremde Parfüm in ihrem Fell, das
sie nie erklärt', Bewegung, Spiel, ganz Charme, nicht
letzter Gruß, Geflüster, geschnurrt, abgerungen
dem Ersticken, und die Augen weit und groß zur Sonne hin,
Jägerin, die das verbleibende Licht noch bricht im Gewahren
der Nadel, gegen die es neunzehn Jahre und kein Wehren
mehr gibt, keins. Letzte Logik des Körpers, der sich befreit
von allem, was überflüssig ist, Pochen, Zucken, Wärme
und Schemen zuletzt, Stunde um Stunde, als stünde
sie wieder auf, als hielte ich sie doch wach an diesem Ort,
aus dem es nur einen Ausgang gibt. Du darfst liegen
bleiben. Du darfst liegen bleiben.

Anmerkungen

komme ich – Die Begriffe wurden in eine Suchmaschine eingegeben und die Vorschläge der Suchmaschine mittels Screenshot fotografiert

#Orlando – 

Zanskar/Ladakh – Zanskar im westlichen Himalaya ist eine Region in Ladakh, die zum indischen Bundesstaat Jammu & Kaschmir gehört

Ensō auf einem Balkon – Das Ensō ist ein Kreissymbol aus der japanischen Kalligrafie, das in Verbindung mit dem Zen-Buddhismus steht

Wie wir #binden. Wie wir #verschwinden. –

Ergebnisse für #binden – Suchanfrage bei Twitter

Die Filifjonka, die an Katastrophen glaubte – Eine Figur aus den »Geschichten aus dem Mumintal« von Tove Jansson

Who am I – Befehlseingaben in das Terminal eines Linux-Betriebssystems

Probleme bei der Anfrage – Fehlermeldung von Facebook

StAM – Staatsarchiv München

Ohne Sättigung – Intersexuelle Kinder werden häufig durch medizinische Eingriffe dem männlichen oder weiblichen Geschlecht zugewiesen, obwohl es dafür keine gesundheitlichen Notwendigkeiten gibt

Einstellungen – Screenshot der Spiele-Einstellungen eines Forums

Spiel beenden – Screenshot eines Solitär-Kartenspiels

Inhalt